풀꽃이라는 이야기꾼

김봉희(心戀) : 1950년 인천에서 태어났다. 스무 해 넘도록 〈새얼문학〉에서 활동 중이다. 평소 식물 바라보는 걸 좋아하고 기회 닿는 대로 여행을 즐기며 살고 있다. 저서로 시집 『연잎의 관성』, 『풀꽃이라는 이야기꾼』이 있다.
- E-mail simryun2669@naver.com
- Mobile 010-5147-2273

다층현대시인선 177
풀꽃이라는 이야기꾼

발행일 2025년 5월 1일
지은이 김봉희
펴낸이 김동진
펴낸곳 도서출판 다층
등록번호 제27호
주소 (63211)제주특별자치도 제주시 오복5길 10, 1층
전화 (064)757-2265/FAX(064)725-2265
E-mail dc2121@empas.com

ⓒ 김봉희, 2025. Printed in Jeju, Korea

ISBN 978-89-5744-114-5 03810

값 12,000원

* 지은이와 협의하여 인지를 생략합니다.
* 본 책의 내용 전부 또는 일부를 다른 매체에 소개하고자 할 때는 저자와 본사의 동의를 얻어야 합니다.
* 이 책은 2024년 한국예술복지재단 준비지원금에 선정되어 발간하였습니다.

다층현대시인선 177

김봉희 시집

풀꽃이라는 이야기꾼

다층

* 페이지 시작과 끝부분에 〉표시는 연을 구분하는 표시입니다.

시인의 말

하늘이 참 맑습니다.
청명한 오월 하늘 아래
시골집 마당에선
봄꽃이 잇따라 피고 지고
작은 텃밭엔 채전이 펼쳐졌습니다.

남새밭을 가꾸며
풀꽃의 한살이를 바라볼 때마다
가슴 밑바닥에서 샘솟는 희열을 느낍니다.
움과 싹이 돋고 꽃이 피고 잎이 나오고
열매가 달리는 걸 보는 게
얼마나 경이로운 일인지
새삼스럽게 확인합니다.

이런 사소한 일로
크나큰 기쁨을 누리고 있다니
나도 그런대로
잘 늙어가고 있구나 싶어
마음이 놓입니다.

2025년 5월
김봉희

차례

005__ 시인의 말

1부
013__ 까치가 물고 온 소식
014__ 기본이라는 바탕
015__ 빈대떡을 부치며
016__ 미세먼지
017__ 물이라는 인연
018__ 출렁거리는 삶
019__ 가을이 오는 풍경
020__ 늙은 호박
021__ 처서
022__ 식혜
023__ 연꽃 씨앗
024__ 공양
025__ 인천대공원에서
026__ 봄의 전령
027__ 원주민
028__ 연꽃
029__ 닭의장풀
030__ 주름잎 일가
031__ 연밥
032__ 낙엽
033__ 모르포나비
034__ 조롱박

2부

037__ 풍접초
038__ 연잎 줄기
039__ 설악초
040__ 자연의 손님들
041__ 덫
042__ 개망초 꽃길
043__ 여름비
044__ 쑥을 뜯으며
045__ 함박눈
046__ 송년
047__ 울 엄마
049__ 망각과 고요
050__ 어머니의 바늘
051__ 가을 한 자락
052__ 뜻밖의 선물
053__ 함께 걸어요
054__ 거미줄
055__ 가을 소묘
056__ 고양이
057__ 겨울 시금치
058__ 그림자
059__ 병상을 지키며

3부

　063__ 일상
　064__ 기후 위기
　066__ 가을이 오는 소리
　067__ 풀꽃이라는 이야기꾼
　068__ 먹고 살기의 고달픔에 대하여
　069__ 죽음 너머
　070__ 낮달맞이꽃
　071__ 간구
　072__ 황혼녘의 일상
　073__ 눈송이
　074__ 가을 들녘에서
　075__ 어느 일과
　076__ 마음속 연인
　077__ 달의 선물
　078__ 동백꽃처럼
　079__ 대나무의 노래
　080__ 늦가을 아침
　081__ 기억의 흔적
　082__ 다시 시작하는 삶
　084__ 반복되는 일상
　085__ 관계의 의미

4부

089__ 세월의 마디
090__ 어머니
091__ 스펀지처럼
092__ 바다의 마음
093__ 밤을 주우며
094__ 태풍 지난 들판에서
095__ 별의 눈물
096__ 쓸모에 대하여
097__ 종이비행기
098__ 봄맞이꽃
099__ 장마
100__ 사라지는 꿀벌들
102__ 사랑의 마음
103__ 산호랑나비
104__ 습작
105__ 산불
106__ 양은 냄비
107__ 그루터기
108__ 석인성시(惜吝成屎)
109__ 여명
110__ 낙화

제1부

까치가 물고 온 소식

창문 틈 사이로
늦게 핀 장미꽃 덩굴 지나
마른 헛개나무 가지에 내려앉은
까치 두 마리
까악까악 아침을 흔들어댑니다.

까치울*에 살던 녀석들이
도시와 소읍을 건너
이 먼 왕릉로*까지 날아와
전할 소식이 있었나 봅니다.

햇살로 한껏 투명해진
가을 하늘에
파스텔 톤 그리움이
뭉텅 번집니다.

* 경기도 부천 까치울
* 충청남도 부여군 석성면 정각리 왕릉로

기본이라는 바탕

반찬을 만들 때 성가신 일은
마늘 까서 다지고
파 다듬는 일이더라.

눈물 찔끔거려가며
그것들을 손질하고 난 뒤라야
반찬을 만들 준비가 되는 것.

반찬 한 가지 만드는 데도
기본 재료부터 차근차근
준비해야 하거늘

참, 나는
별로 아는 것도 없으면서
여태 듬성듬성 살아왔구나.

빈대떡을 부치며

프라이팬에 불을 댕긴다.

뜨겁지도
약하지도 않게
중불로 시간의 입자를 달군다.

넘치지도
부족하지도 않게
딱 한 국자의 반죽을 떠서
팬에 원진(圓陣)을 펼친다.

타지도
설익지도 않게
기다림을 굽는다.

타닥타닥
기다림이 익자
노릇한 꽃잎 한 장
피어나신다.

미세먼지

눈에 보이지도
손에 잡히지도 않으니
하나도 무섭지 않다.

어디서 날아와
어디로 가는지
두 눈 부릅떠도 알 수 없으니
지금은 괜찮다고 한다.

허나 세월 지나
몸속에 켜켜이 쌓인 것들이 뒤집히면
그제야
수선 피우고 호들갑 떨겠지.

그 미세한 입자가
소리 소문도 없이 우릴
먹어 치우고 있었음을.

물이라는 인연

나는 처음 한 방울의 빗물로 왔다.
나뭇잎에 잠시 앉았다가
풀들의 이마를 쓰다듬고선
이내 흙으로 스며들었다.

풀과 나무의 목을 축여주고
숲속 작은 웅덩이에 고여
거기 터 잡고 사는 뭇 생물의
목숨줄이 되었다.

때론, 시골집 어머니가 끓이던
된장국이나 미역국 속 국물로 들어앉아
그 속에 어머니의 뜨거운 사랑을
오롯이 담아내기도 했다.

어디로 휘돌아 어디로 스미고
어떻게 쓰일지는 모르겠으나
어느 자리에서건
나는 생명의 원천으로 존재한다.

출렁거리는 삶

인천에서
자동차로 한 시간 반 거리에
숲을 병풍처럼 두른
드넓은 마장호수가 있다.

낮은 산등성이를 휘돌아온 바람이
푸나무를 어루만지고
햇살이 부드러운 손길로
은빛 물결을 쓰다듬는 곳.

호수를 가로지른 출렁다리는
날마다 사람들로 출렁거리고
그들이 터뜨리는 웃음소리가
수면에 물 주름을 새겨넣는다.

숲과 호수와
출렁다리가 출렁이듯
우리네 마음도 삶도 인생도 언제나
출렁거림의 연속 아니겠는가.

가을이 오는 풍경

아침저녁으로
살갗에 닿는 바람의 기미는 서늘하고
해는 한 뼘씩 늦게 떠서
한 발짝씩 뒤로 저문다.

드높던 매미 소리 잦아들자
청아하게 타전되는
귀뚜라미 울음소리.

벼이삭은 하루가 다르게 겸손해지고
마당가의 대추는 나날이 붉어지고
부푼 밤송이들의 앙다문 입술이
저절로 열리는 계절

오곡백과가 무르익는 이 가을
나는 얼마나 익었고
얼마나 겸허해졌을까나.

늙은 호박

비와 바람과
햇빛이 어루만진 자리에 들어선
집 한 채.

단단한 껍질로 외벽을 두르고
둥근 몸에 골을 새기고
몸피를 부풀리며
가을볕 아래
고요히 늙어가고 있다.

꼭 나 같은.

처서

매미 소리
아직 그악스러운데
새벽 뜨락에선

어느새
귀뚜라미 울음소리

식혜

한 모금 마시고
돌아서면
다시 생각나는 달큰한 맛

섬세한 손길로
체망에 엿기름물을 거르고
지어놓은 밥과 섞어
밥통 안에서
밤낮을 뒤척이다 삭혀지면
꽃처럼 떠오르는 밥알

정성과 시간으로 빚어낸
식혜 한 모금에
혀끝이 요동을 친다.

연꽃 씨앗

해 뜰 무렵 꽃잎을 열고
태양의 기운을 받은 뒤
이내 문을 닫지요.

꽃잎이 지고 나면
지상에서 가장 딱딱한
태양의 씨앗이 여물지요.

긴 세월 썩지 않고
인고의 시간을 견딘 뒤
마침내 싹을 틔우고
다시 수면 위로 잎과 꽃대를 올려
순환의 역사를 세우지요.

진흙밭에서도
결코 더럽혀지지 않는
고결한 생명
어머니 가슴을 닮은
하늘 씨앗이랍니다.

공양

빈 하늘
가느다란 가지 끝에 매달린
홍시 두어 개
구름 사이를 넘나들고 있다.

허공에서
얼었다 녹았다를 반복하며
속살에 달콤함을 쟁이고 있다.

사람의 손길을 벗어난 열매가
마지막으로 겨울새들에게
자신을 보시하려고
말갛게 흔들리고 있다.

인천대공원에서

장수동
인천대공원 잔디 마당을
오월 바람이 훑고 지나간다.
순간, 엷은 안개의 막이
출렁거린다.

잔디밭 곳곳에서 꽃 잔치를 벌이는
하늘색 개불알풀꽃
때 이르게 핀 수레국화
큼지막한 모란 꽃봉오리들이
행락객의 발길을 낚아챈다.

하릴없이 그네에 앉아
넋 놓고 봄 풍경에 빠져있다가
이팝나무 꽃그늘에 스며들어
허기를 달랜다.

봄의 전령

수직 담벼락 사이를 비집고
잎과 꽃을 틔우는
한없이 연약하나
한없이 강인한 풀

제비 한 마리
날아오기도 전에
설익은 봄을 물고 와
대지에 훈풍을 퍼뜨리는
봄의 전령
제비꽃.

원주민

산에 들에 피는 들꽃은
빼어나지는 않지만
그렇다고 박색도 없다.

화려한 서양 꽃에 밀려
길가나 공원 화단 같은 목 좋은 자리는
넘볼 수도 없지만
논둑 밭둑, 산비탈에서 만큼은
엄연한 원주민이다.

대대손손 땅을 지키며
끈질기게 살아남아
명맥을 이어가고 있는

연꽃

진흙 속에서
흙탕물을 거르며 견딘
오랜 기다림의 시간은
연꽃 뿌리와 줄기의 뼛속까지
숭숭 구멍을 뚫어놓았네.

욕망에 짜든
속세의 번다함 따위는
넘볼 수 없는 경지에서
소신공양하듯 피어나는
정결한 꽃.

더러운 물속에 뿌리박고 살아도
더러움에 물들지 않는
정결함과 청정함이
연꽃의 마음 자락이었네.

닭의장풀

시골집
본채와 별채 사이
좁은 틈바구니에서
몇 포기 닭의장풀이
작은 마을을 일궜다.

벌어진 지붕 틈 사이로
폭우라도 쏟아지면
어찌 가계를 이어갈까 싶었다.

하긴,
제 저리를 찾지 못해
어렵게 사는 사람들은
또 얼마나 많은가.

주름잎 일가

논두렁 밭두렁
고샅길 가리지 않고 돋아나
땅에 바짝 붙어 자라는 주름잎 일가는
살피지 않으면
지나치기 쉬운 들꽃

가지도 없이 곧게 자라는 선주름잎
꽃진 뒤 밑에서 기는 가지가
사방으로 뻗어 자라는 누운주름잎
털이 있고 흰색으로 피는 흰주름잎

칠팔월 줄기 끝에서
연한 자주색 입술을 여는
소박한 주름잎 일가

연밥

해 뜨면 눈 뜨고
해 지면 눈 감던 연꽃이 지자
꽃 아래 숨어 있던
연밥이 부풀어 오른다.

그 속에서 어머니 젖꼭지를 닮은
연꽃 열매가 익어가고 있다.

초롱초롱한 눈을 치뜨고
쏟아지는 햇살 그러모아
과육을 채우고
단단한 씨껍질 안뜰에
먼 훗날 풀어놓을
향기를 쟁이고 있다.

낙엽

시월 중순을 넘자
벚나무며 은행나무며 느티나무며
마을 안팎의 나무들이
날마다 하나씩
손을 놓고 있습니다.

햇볕과 바람을 거르던
초록 이파리들은
붉게 노랗게 낯빛을 바꾸었고
땅으로 돌아갈 때를 기다리며
하늘 향해 작별을 준비하고 있습니다.

아쉬움과 처연함을 움켜쥔
나뭇잎의 손등이 파리합니다.

모르포나비

침도 없고
독도 없고
다른 나비의 날개를 물어뜯거나
먹이를 두고
다투지도 않습니다.

내가 살아가는 시간은
잠시 흘러가는 물처럼
아주 짧습니다.

소낙비에도 젖지 않고
구겨지지 않는
푸르디푸른 날개 색깔로만
살 뿐입니다.

조롱박

진종일
바라봐 주는 이 없어도
햇볕과 바람에 기대어
흔들리고 익어가다가

두 마디
동글동글한 가슴으로
악착같이 한 생을 보듬는
조롱박의 한살이.

제2부

풍접초

어릴 적
큰언니 시집가던 날
머리 위에서 흔들리던
알록달록한 화관을 떠올리면
지금도 가슴이 두근거립니다.

큰언니 머리에 꽂혀 있던
족두리 닮은 풍접초

이제는 보고 싶어도
볼 수 없는 연분홍빛 그리움이
그물에도 걸리지 않는 바람처럼
가슴을 스치고 갑니다.

연잎 줄기

가지를 치지 않고
오직 하나의 잎자루를 뻗어
중심을 잡으며
물 위로 솟구친 연잎 줄기

속을 비울대로 비워
숭숭 구멍 뚫린 물관으로
더러운 물을 걸러
잎과 꽃을 정결하게 치장한다.

수면 위에 우뚝 솟아
바람에 걸터앉은 도도한 자태
멀리 퍼지는 은은한 향기까지
꼭 내가 닮고 싶은 모습이다.

설악초

꽃 시절이 오자
초록 일색이던
줄기 윗부분 잎들이
하나하나
흰옷으로 갈아입습니다.

잘 보이지도 않는 작은 꽃에
벌 나비를 불러 모아
중매쟁이 노릇을 하려는
것이겠지요.

꽃차례에 붙은 잎마다
한겨울 설악 능선처럼
흰 눈을 그득그득
머리에 이고 있습니다.

자연의 손님들

낮달맞이꽃 위에
벌들이 날아와 윙윙거리고
풀협죽도 꽃망울에
하얀 나비가 살포시 내려앉습니다.

설악초 흰 꽃 위를 오가는
나비의 날갯짓은 부산하고
사마귀 한 마리 꽃 위에서
뛰어내릴 거리를 재고 있습니다.

수시로 걷어내도
제집인 양 휘젓고 다니며
하룻밤 사이 쳐 놓은 거미줄을
홰홰 걷어냅니다.

해는 기울어 가는데
개미들의 행렬은 멈추질 않고
들고양이 세 마리 문간에 턱을 괴고 앉아
저녁밥을 기다리고 있습니다.

오늘 하루 나를 흔들고 간
자연의 손님들입니다.

덫

꽁무니에서 내뿜는 줄 하나로
가닥가닥 엮여 들어서는
허공 위의 집.

바람이 지나가고
햇빛도 건너가나
한번 빠진 곤충은
영영 헤어 나오지 못하는
무간지옥의 성곽.

누군가의 손길에 언제든
와르르
철거되기도 하지만
거미로 살아가기 위해서는
또다시 지을 수밖에 없는
덫의 건축물.

개망초 꽃길

어디
제주의 유채꽃만 화려하다더냐
봉평 메밀밭만 흐드러졌더냐

논둑길 양옆으로
가슴까지 차오른
개망초 꽃 무리가 펼쳐놓은
만발한 꽃동산에서
나도 새신부나 된 듯
발걸음이 둥둥 떠다닌다.

잡초라 천대받던 풀도
저들끼리 한데 모여
꽃 잔치로 들썩거리는
찬란한 유월 어느 하루.

여름비

마당 한켠에 붙박이로 서서
시름시름 앓던 돌단풍나무에
아연 혈색이 돈다.

젖은 바람결 따라
구름이 빗물을 쏟아내고 있다.

후두둑 후두둑
폭염을 밀쳐내고 쏟아지는 소낙비에
마당 한구석에서 고개를 떨구고 있던
키 직은 패랭이꽃과 이름 모를 풀들이
기웃기웃 고개를 내밀고 있다.

나도 하늘 향해 팔 벌리고
얼굴을 두들기는
단비를 맞고 서 있다.

쑥을 뜯으며

겨우내 굳게 닫혀 있던
황톳빛 살점들이 열리자
들판 곳곳에서
초록 웃음이 배어 나옵니다.

검불을 헤집고 나와
바람의 등에 업혀
향기를 구워내며
쑤~욱 쑥 잎을 밀어 올리는
초록빛 우주.

쑥덕쑥덕 풀어내는
봄의 이바구.

함박눈

하얀 솜뭉치가
허공에서 뛰어내립니다.
아무 걱정도
아무 두려움도 없습니다.

너른 산이
온 들판이
하얀 광목 이불을 덮고
숨바꼭질하려 하네요.

목마른 대지의
입술을 적셔주도록
더 세게
입김을 불어넣어 주세요.

차디찬 대지를
함박눈이 포근하게
감싸 안으며
이불처럼 덮어 줍니다.

송년

새로운 마음으로 시작한 게
엊그제 같은데 어느새
한 해의 끝자락에 닿았습니다.

후회스러운 날은 없었는지
이웃과 사회에 얼마나 봉사했는지
얼마나 감사한 나날을 보냈는지
스스로 물어봅니다.

매해 반복되는 세월
시작도 끝도 없는 것이니
그저 하루하루를 살아갈 뿐이지만

새로 시작될 날 앞에서
마음이 나풀거리는 건
무슨 심사일까요.

울 엄마

연필 한 타스 만큼 많던 우리 식구들.
과일을 사면 떨이 한 무더기
작은 생선이라도 궤짝째 사 와야
다 같이 먹을 수 있었던 식구들.

둥근 가마솥에 고구마를 튀겨내면
어린 것들 오며 가며 한 움큼씩 집어 가고
배추 오백 포기 김장을 담그려면
온 식구가 밤을 새워야 했다.

오직 자식들 뒷바라지하느라
정작 당신 건강은 챙기지 못한 어머니는
중병을 얻고서야 손에서 일을 놓으셨다.

췌장암 투병으로 야윈 몸
목욕 한번 시켜드리는 것으로
자식 노릇을 대신할 수밖에 없던 시절
가난에 찌들어
살아 계실 때 잘 해드리질 못해
때늦은 후회로 가슴을 친다.
〉

부질없는 시간은 다 흘렀고
이제 내가 그 자리에 서 있다.

망각과 고요

평생
전자제품 수리를 업 삼아
악착같이 사셨던 형부
말년에 그만 정신줄을 놓아 버리셨다.

방마다 중고품들이 가득 차
퀴퀴한 기름 냄새가
방안 가득 들어차 있지만
버리는 것조차 잊어버리고서
황혼녘 마른 풀잎처럼 시들고 있다.

추억도 사랑도
푸른 기억도 다 놓아 버린
그의 방안엔
긴긴 망각의 시간을 건너온
고요만 넘쳐난다.

어머니의 바늘

살아생전 어머니는
바느질을 시작하기 전에
무슨 의식이라도 치르듯
바늘 끝을 머리카락에 쓱쓱
문지르셨습니다.

그 행위가 무엇을 의미하는지
지금도 알 길은 없지만
어머니 나이에 다다른 나도
바느질을 시작할라치면
무심결에 같은 동작을 하게 됩니다.

어쩌면 바늘 끝을 스치는
바람 같은 기억들이
어머니의 숨결을 데려오는지도
모릅니다.

가을 한 자락

가을비 한 자락 긋고 지나자
얼굴에 닿는 공기의 결이
낯선 타인의 손길 같습니다.

조금씩 날을 세우는 바람이
훑고 지날 때마다
나뭇잎들은 붉게 노랗게
낯빛을 고치기 시작했습니다.

내 마른 가슴에도
단풍이 들어
가을의 중심부로 흘러갑니다.

한껏 짙어진 채로.

뜻밖의 선물

큰아들이
투박하게 생긴 물컵에
내 수줍은 시구를 새겨서
선물로 주었다.

컵에 차를 따라
식탁에 앉아 바라보는
내 눈길에
종일
사랑이 찰랑거린다.

함께 걸어요

사그락사그락
낙엽 밟는 소리가
내 발걸음을 따라 파도를 일으킵니다.
작은 공원길에
흐트러진 마음 내려놓고
조용히 함께 걸어요.

가슴에 쌓이는 허무를
낙엽 위에 몽땅 깔아놓고
그 위를 자박자박 함께 걸어요.

새들도 바람도 쉬어가는
호젓한 오솔길 따라
가을 속으로 함께 걸어요.

거미줄

사과나무에 드리운 거미줄을
빗자루로 걷어냈다.
며칠 후 다시
둥근 원의 테두리를
조금씩 넓히며
새 거미집 한 채가 들어섰다.

빗자루를 들어 휘두르려다
내리고 말았다.
저 집을 짓느라 거미는
얼마나 많은 시간과 공을 들였을까?

거미가 치렀을 노동의 무게에
생각이 닿아
오늘 만큼은 그냥 눈감아 주자고
허공을 열어줍니다.

가을 소묘

드높은 하늘 산들거리는 바람
따스한 가을볕에
결대로 가른 송이버섯을
평상에 널어 말린다.

큰꿩의비름 꽃 위에서
사향제비나비가 주둥이를 꽃술에 박고
꿀 따기에 여념이 없다.

잠자리 두 마리
구애의 원무를 추며
푸른 하늘에 궤적을 수놓는다.

평상 밑에 기어든 고양이 한 마리
실눈 뜬 채 졸고 있는
오후 한때.

감성으로 촉촉이 젖은
내 마음도
가을볕에 널어 말린다.

고양이

느릿느릿 굼뜨지만
필요할 때는 전광석화처럼 빠른

한 치의 망설임도 없이
수직 담벼락을 날렵하게 뛰어오르는

문간방 앞에서 무료히 기다리다
체념하고 돌아설 줄도 아는

털옷 한 벌로 사시사철을
묵묵히 견뎌내는

부드러우면서도
내면은 한없이 강인한 생명체.

겨울 시금치

매서운 바람이 할퀼수록
뾰족뾰족 돋아나는
이파리들.

얼었다 녹기를 반복하는
겨울 한파 속에서도

초록 식구들은
입술을 앙다물며
파릇파릇
잔치를 치르지요.

그림자

나는 늘
뒤따르는 존재입니다.
형체는 있으되
잡히지 않는 허상입니다.

나는 가장 낮은 곳에
그저 소리 없는 문장처럼
드리워질 뿐입니다.

빛이 명료해지는 순간
비로소 나의 존재는
움직임의 행간마다
의미로 살아납니다.

병상을 지키며

내 애간장이 녹아들건 말건
무심한 시간은 흘러
또 하루가 접힌다.
정신은 있긴 하나
멀리 가 있는 듯한 그.

대장을 뭉텅 절제한 뒤
무통 마취 주사를 맞고도
잦아들지 않는 신음소리에 묻혀
또 하루가 흘러간다.

모든 감각의 촉수를 세우고
그저 바라볼 뿐
내가 할 수 있는 일은 없다.
시간 지나면 돌아오겠지
기다리면 원래 대로 돌아오겠지
기도나 할 뿐.

제3부

일상

가스렌즈 위에서
생선조림이 조려지고 있다.
한발 물러서서
주방을 채우고 있는 사물들을
무심히 둘러본다.

혼자 있어서 좋을 때도 있지만
누군가를 위해 음식을 준비하며
기다림의 시간을 지나는 건
호수에 번지는 파문 같은
잔잔한 설레임을 부른다.

하루를 맞고
하루를 마무리하는 소소한 일상이
고귀한 삶의 행로라는 것을
문득 깨닫는다.

기후 위기

연일 이어지는 된더위와 열대야
달궈진 대기에
밤낮이 다
흐물흐물해지는 나날이다.

홍수로 어딘가에서는
살던 집이 통째로 휩쓸려갔고
어딘가에서는 산사태로
마을이 다 묻혀버렸다지만

사람들은 에어컨을 더 돌리고
차는 더 늘어나고
악순환의 고리는 더욱
견고하게 조여지고 있다.

호박꽃은 피었는데
호박은 달리지 않고
꽃 사이를 오가던 벌들은
다 어디로 사라진 걸까.

생태계가 무너지고

지구는 몸살을 앓고 신음 중이다.
머잖아 심폐소생술로도 지구를
살리지 못할 날이 올까 두렵다.

가을이 오는 소리

담벼락에 비스듬히 세워 놓은
깻단 사이로
따가운 햇살이 스며들고
바람의 손이 들락거립니다.

슬며시 만지기만 해도
갈빛이 쏟아집니다.

둥근 멍석에
내 마음을 깔고
도리깨질 소리에 얹어
내 허물도 털어냅니다.

가을은
참깨 터는 소리에 얹혀
싸묵싸묵 다가옵니다.

풀꽃이라는 이야기꾼

주변 환경이
아무리 척박하고 황량해도
풀꽃은 때 되면
또 다른 개체로 환생하여
다음 생을 이어 나간다.

옥토건 박토건 가리지 않고
다만 흙 속에 묻어둔
순정한 기다림 하나로
생명의 고리를 잇고
자신들만의 연대기를 엮어
다음 세대를 이어가는
신실한 자연의 구성원이다.

풀꽃이라는 이야기꾼은.

먹고 살기의 고달픔에 대하여

우르릉 쾅쾅
천둥 번개까지 몰고 와
엿새째 분탕을 치는 장맛비에
앞 뒷마당이 다 잠겼다.

잠시 비 갠 틈을 타
호랑나비 서너 마리 날아와
범부채 꽃술 위를
어지러이 맴돌고 있다.

얼마나 굶었던지
카메라를 바짝 들이대는 데도
꿀 빠는 일에 온 정신을 팔 뿐
내게는 눈길 한번 주지 않는다.

하긴 여러 날 굶은 눈에
보일 것이 무엇이겠는가.

죽음 너머

세상에 나온 사람은
예외 없이 죽게 마련이지요.

나 역시 언젠가는 죽을 테고
육신은 결국 먼지처럼 흩어지겠지요.

내게서 떠난 생명의 에너지는
얼마간 이리저리 떠돌지도 모르나
종내 심연 속으로 사라지겠지요.

형체와 존재는 완벽히 소멸되겠지만
존재의 근원으로 흡수된 생명의 자장은
어느 별의 입자에 섞여
반짝거릴지도 모를 일이죠.

낮달맞이꽃

고개를 한껏 쳐들고
낯빛을 고쳐
환하게 웃는 연분홍빛 얼굴

척박한 자갈밭에
자신의 영토를 세우고선
등불을 밝히는 꽃

누구를 기다리는지
밤에도 낮에도 지지 않고
홀로 피어 기다림을 밝히고 있는
환한 달덩이 같은
낮달맞이꽃

간구

젊을 적엔 가슴속에
화가 많았지만
그래도 풀잎처럼 살아오신
오라버니.

느닷없는 오토바이 사고로
만신창이가 되고
폐에 물까지 차올라
응급실 산소호흡기에 묶이던 날.

발을 동동 구르는
올케의 얼굴 위로
수심이 깊게 덮이는 걸
아프게 바라봅니다.

부디 이 액운에서 어서 벗어나
평온한 일상을 되찾길
빌고 또 빌고.

황혼녘의 일상

혹시나 가슴 뛰는
문장이 없을까
날마다 두리번두리번
곳곳을 기웃거리다 보니
어느새 다다른 황혼녘.

노을이 드리우자
수시로 소환되는 옛 기억과
그로 하여 뒤늦게 피어오르는 생각들.

일몰에 한 발짝씩 가까워질지라도
두근거리는 의미의 조각이나마
주섬주섬 쓸어 담느라
가슴 뛰는 찬란한 노후.

눈송이

창공에서 몸을 날리는
눈송이들은
두렵지 않았을까.

긴긴 내리막길을
달려 내려가는 동안
무슨 생각을 떠올렸을까.

일생을 담은 먼 길을 달려
지상에 닿고서
어찌 소멸될지를 알고는 있었을까.

한밤중 고요를 덮은
순백의 입자들이
무량하게 나리신다.

가을 들녘에서

시골집 맞은편 낮은 산등성이에
방금 솟은 해가 걸린 아침
마을길 따라 산보를 간다.

길가 감나무와 대추나무는
노랗게 붉게
가을을 쟁이고 있다.

들녘은 황금빛으로 덮여가고
길섶 개망초는 그새
삶의 고갯마루를 넘고 있다.

개울가 며느리밑씻개가 걸러내는
청아한 물소리에
내 몸도 기지개를 켜는
부여 정각리.

어느 일과

숲을 한 바퀴 휘돌고 온 뒤
상수리나무 위로
힐끗 눈길을 준다.

하루에도 몇 번씩
도토리의 크기를 가늠하느라
커지는 눈망울.

하루치 시간의 길이를 가늠하며
제 영역 속
곳간 채울 궁리로 바쁜
다람쥐의 하루.

마음속 연인

눈부시게 아름답진 않아도
젊음으로 빛나진 않아도
언제나 여유로움 넘치고
따뜻한 힘이 느껴지는
둥근 빛의 사람.

마음 우중충한 날이면
그리움이 뚝뚝 묻어나는
부드러운 발걸음으로 사뿐사뿐
내 마음속으로
걸어들어오는 사람.

달의 선물

만삭에 가까워진 달이
작은 연못 위에
한 움큼 빛무리를 흩뿌린다.

캄캄한 밤하늘 만큼이나
먼 그대와 나의 거리를
잠시나마 이어주는
마음의 고리.

새벽녘 드넓은 허공
적막을 가르고 돌아가면서
툭,
그리움 하나 발아래
던져놓고 간다.

동백꽃처럼

나목으로 겨울을 나는
낙엽수 틈바구니에서
싱싱한 잎을 매달고 선 상록수.

혹한의 눈보라 속에서도
정열을 피워내는
붉은 꽃송이들.

생명의 기운이 채 식기도 전에
동백꽃은 스스로 모가지를 꺾고
땅으로 투신한다.

처연하게 치르는
꽃의 절명으로 땅바닥은
이내 붉게 물든다.

생의 마지막 순간은
저렇듯 단호하게
접을 수 있어야 하거늘.

대나무의 노래

구부리거나 꺾이는 법 없이
수직으로만 뻗고
어느 한구석 모나지 않은 줄기는
여인의 살결처럼 매끈하구나.

비바람 눈서리를 견디느라
마디마다 굳은살이 박혔고
문풍지처럼 얇은 잎사귀는
잎맥 속에 떨림을 새겨넣었구나.

그 인고의 세월을 견딘 뒤
퉁소나 대금으로 환생해
청아한 가락을 뿜어내고
부챗살에서 바람을 일렁이는구나.

늦가을 아침

기온이 뚝 떨어진 아침
한 뼘 마당엔
낙엽이 수북하게 쌓였습니다.

그 나뭇잎 주워 보니
잎맥마다 바람과 비가 무두질한
세월의 흔적이
고스란히 담겨 있었습니다.

제 역할을 마치고
미련 없이 흙으로 돌아가는 낙엽에서
삶의 무상함이 드러납니다.

덧없는 인생사
아귀다툼하듯 살아온 날들이
갑자기 부끄러워지는 아침입니다.

기억의 흔적

오래된 기억들이
여린 심장을 따라 일어선다.
까마득히 멀어져
다시는 돌아갈 수 없는 날들.

내 안에서 돋아나던
움과 싹은
세월의 서리 앞에
다 녹아나렸다.

디딤돌처럼 놓여 있던
기억의 흔적들도
퇴색된 이면지 위 활자처럼
엷게 지워지고 있다.

다시 시작하는 삶

햇살이 빛날 때 오세요.
바람이 산들거릴 때 오세요.
뭉게구름 피어오르듯 오세요.

수술실 들어가며
걱정하지 말란다.
수술하러 가는 환자에게
잘하고 나오시라 한다.

오장육부를 들어내는 줄도 모르고
잠 속에 빠졌다가 정신이 드니
엄습해 오는 통증 때문에
아무것도 보이지 않나 보다.

삶과 죽음의 거리는 한걸음이던가
통증을 느끼더라도
그 한걸음을 걸어야
장기가 제자리를 찾아간단다.

살아야 할 길은
늘 우리 앞에 펼쳐지는 법

그 길을 뚜벅뚜벅 걸어가
우리 다시 함께 삶을 누려요.

반복되는 일상

떠오르는 해를 바라본다.
태고 이래로
단 하루도 그 틀을 벗어나는 법 없이
끝없이 치러지는 순환.

해가 뜨고 지고, 달이 뜨고 지고
무한천공을 돌고 도는 섭리에서
경이로움을 느낀다.

하루살이 목숨이나
만물의 영장이라 자처하는 인간이나
우주적 관점에서는 하찮은 미물일 뿐.

살아 숨 쉬고 몸이 움직일 때
즐기고 누리고 사랑하며
하루하루 살아갈 일이다.

관계의 의미

시골집 마당
우물가의 펌프는
한 바가지의 마중물이 있어야
필요한 물을 끌어올릴 수 있었다.

땅속 깊은 물길에서
물줄기를 끌고 오는 힘은
피스톤의 진공 상태를 유지하는
작두질에 달렸으나
먼저 내려보낸 마중물이 있기에
가능한 일이있다.

그대여! 당신과 나의 관계도
마중물 같아야 하리.
서로가 서로를 이끌어주는.

제4부

세월의 마디

새해 첫날을 맞는다.
어제가, 작년이 접혔고
오늘이, 새해가 열렸다.

그 사이 뒷산 대나무는
또 얼마간 자신의 몸집을
부풀렸을 것이다.
높게, 곧게 줄기를 밀어 올린 대나무가
자신을 지탱하는 힘은
일정 간격으로 만든
마디의 탄력에서 나올 섯이나.

삶의 굴곡을 넘느라
우리에게도 저런 마디 몇 개는
흉터처럼, 아니 훈장처럼
붙어 있으리.

어머니

큰놈이건 작은놈이건
잘난 놈이건 못난 놈이건
제 앞가림을 하건 삶에 치이건
자식은 다 아픈 손가락이라며
한결같이 품어 안는
바다.

어떤 것도 거부하지 않고
어떤 것도 바라지 않고
늘 대양으로 머물며
자식이라는 강물을 끌어안는
넓고 깊은 바다.

스펀지처럼

겉으로는 보이지도 않는
작은 틈과 틈 사이로
순식간에 물기를 빨아들이지만
스스로 용적을 부풀리지는 않는다.

몸집을 부풀리는 건
대개 허장성세라
새와 짐승이나 하는 일일 터.

애써 나의 가치를
드러내려 노력할 게 아니라
있는 그대로
가진 그대로를 보여줄 때라야
상대의 마음을 움직일 수
있는 법이다.

바다의 마음

바다는
맑음과 탁함을 가리지 않고
강물이 흘러오면 오는 대로
오롯이 받아들인다.

스며드는 대로
품어 안고
드넓은 품으로 끌어안는다.

때론 거칠게 일렁이고
때론 잔잔하지만
그저 바람에 몸을 내맡긴 채
한곳에 머물거나
어느 곳에도 매임 없이
항상심으로 존재할 뿐이다.

밤을 주우며

투둑 투두둑
가을볕에 속을 채운 밤송이가
더는 참지 못하고
지상으로 뛰어내린다.

가까이 오지 말라는
건드리지 말라는 경고를 무시하고
앙다문 입을 열려다가
밤 가시에 손끝을 찔렸다.

손 대신 누 발로 누르고선
조심조심 힘을 주자
쩍 벌어지는 밤송이.

그 깊은 방을 빠져나온
탱글탱글한 밤톨 세 알
수줍게 고개를 내민다.

태풍 지난 들판에서

서로 어깨를 겯고
같은 방향으로 흔들리며
낟알의 속을 채워 왔다.

긴 여름과 장마를 잘도 견뎠지만
태풍의 위력 앞에서는
도미노처럼 포개져 눕는 신세가 되었다.

주인은 날마다 논에 나와
애처로운 주문만 외고 있다.
일어나라 일어나라
너희들 힘으로 일어나라.

몇 차례 꺾여본 나도
다시 떨치고 일어났듯
벼들이여!
어서 몸을 세워
우리에게 튼실한 알곡을 다오.

별의 눈물

별 하나가 오래된
슬픔을 이끌고 와
밤의 가슴팍에 얼굴을 묻고
숨죽여 흐느낍니다.

낮 동안 강렬한 볕 조각에 찔리고
밤에는 달의 무관심에 상처받은
별이 웁니다.

훌쩍훌쩍
밤새 별이 쏟아낸 눈물이
길섶 풀잎에 이슬로 맺혀
보석처럼 빛나고 있습니다.

쓸모에 대하여

낟알을 털어낸 볏짚들이
무게를 잃은 채
가을 논바닥에
가지런히 누워 있습니다.

열매를 다 내준 뒤에도
빈 줄기마저 거둬가는 손에 이끌려
새끼줄로 가마니로
멍석으로 엮여
마지막 소임을 다합니다.

햇볕과 바람을 안고
켜켜이 쌓여가는 시간을 거르며

종이비행기

내 마음을 접고 접어
종이비행기처럼
원하는 곳으로
날려 보낼 수 있다면

기쁨과 사랑과 희망 따위로
꽉꽉 채운 내 마음을
여기저기 흩어져 사는
지인들 가슴 가슴에
날려 보낼 수 있다면

봄맞이꽃

논둑 비탈에 핀
앙증맞은 흰 꽃
다섯 장의 작은 꽃잎을
양산처럼 펼치고선
줄줄이 늘어서 있다.

그래, 맞구나
네가 아니면 누가
이 봄을 맞을 것이냐.

흰 주단을 펼쳐놓은 듯한
봄맞이꽃이
봄의 낱장 한 페이지를
써 내려가고 있습니다.

장마

지하수 차단기가
뚝 떨어졌다.

내 가슴도 덩달아
철렁 떨어져 내린다.

처마 끝을 타고 내려오는
빗물에
나의 젖은 기억들이 마구 뒤섞인다.

마당에 그려지는 동심원마다
무지갯빛 추억이
방울방울 얹혔다.

사라지는 꿀벌들

작년까지만 해도
처마 밑 귀퉁이에 벌집이 들어서고
많은 벌이 드나들었다.

행여 벌에 쏘일까 두려워
소방관들의 도움을 받아
벌집을 제거했다.

다시 봄이 왔는데
수많은 꽃이 피고 지는데
벌도 하늘도 조용하기만 하다.

조금의 불편을 참지 못해
벌집을 허물어 버린 결과인가 싶어
미안코 두려웠다.

벌이 없는 세상에서
마당의 벚나무 살구나무 자두나무는
어찌 열매를 맺을 것인가.

벌이 내쫓긴 세상에서

인간이라고 어찌 살 것인가.
때늦은 후회가 밀물져 든다.

사랑의 마음

마당가 대추나무에
가을이 켜켜이 내려앉고 있습니다.
붉게 영글어가는 대추가
파란 하늘에 점점이 박혀
한 폭 풍경화로 내걸렸습니다.

가을 햇살 아래
붉게 익은 대추를 따 담는 손이
절로 풍요로워집니다.

가을 한 상자에
정 몇 조각을 덤으로 담아
소포를 보냅니다.
대추가 아닌 사랑을
당신께 보냅니다.

산호랑나비

노란 바탕에
검은 줄무늬
펼치면 완벽한 데칼코마니
면과 색의 황홀한 조화.

원추리에서 범부채로
접시꽃으로
꽃과 꽃을 넘나드는
중매쟁이이자 꿀 수집가.

오월 햇실 아래
분주한 산호랑나비의 날갯짓
거기 붙들린 내 시선 너머로
꼴딱 넘어가는 봄날 하루.

습작

시 라는 게 말야
보통 사람은 영영 넘을 수 없는
철옹성만은 아니더라고.

영혼의 밑바닥을 들여다보고
생각의 옹이를 잘 다듬다 보면
누구나 어느 순간
아하, 내가 막연히 생각하던 게
이런 것이었나 무릎을 치는
지점이 있더란 말이지.

신경 세포를 일깨워 세우고
감각의 결을 쓰다듬어
사유라는 그릇에 담아내면
한 편의 시가 될 수도 있더라고.

산불

작년 가으내 쌓인
바짝 마른 낙엽 더미가
도화선이 되었나 봅니다.

꽃눈 열리기 시작하는 봄날
때아닌 불로
근처 야산이 사흘째 타고 있습니다.

수많은 사람의 진화 노력에도
잡히지 않던 산불이
때맞춰 오신 봄비로 다행히 젖아듭니다.

검게 그을린 산등성이가
한동안 상처로 남아있겠지만
살아남은 나무와 풀들은
또 꽃과 잎을 피워
그 흉터를 가려주겠지요.

양은 냄비

보잘것없는 재료에
국물은 넘치게 잡고
보글보글 끓이던
가난의 찌개

찌든 삶 만큼이나
고달픈 가계의 흔적이
더덕더덕 들러붙은
양은 냄비

냄비 바닥을 긁던
수저 소리
아직도 귓가에 노랗게 매달려
달그락달그락

그루터기

무슨 연유로
잘려 나간 것인지
몸통을 잃고
밑동만 휑뎅그레 남은
나무의 최후를 본다.

적나라하게 드러난 나이테가
지도 속
겹겹이 흘러내린
등고선 같다.

잘리고 나서야
펼쳐진 나무의 일생을
오래도록 바라보았다.

우주의 낱장 하나가
접히는 날이었다.

석인성시(惜吝成屎)

아껴먹던 음료의 유통 기한이 지나버렸다.
남겨 두었던 고기가 상해버렸다.
비싸게 사 둔 생선이 상해
음식물 쓰레기통에 버려야 했다.

새 옷을 아끼다 유행이 지나
입을 수 없게 되었다.
아끼던 메이커 신발은 깔창이 삭아 버렸다.
최고급 도자기 세트를 찬장에 고이 모셔두고
다이소에서 사 온 값싼 접시를 쓰고 있다.

그대여!
있는 걸 아끼지 마시라
아끼고 아끼다 똥 되기 전에
알뜰하게 쓰시라.

여명

지평선을 살포시 열고
새벽이
걸어 나옵니다.

먼 산의 눈썹 위로
희붐한 빛무리를 내쏘며
대지를 깨우고 있습니다.

서서히 걷혀가는 어둠 뒤로
시작될 일출을 준비하느라
동녘 하늘이 소란합니다.

낙화

일시에 꽃눈을 찢고
환호성을 지르며
봄날 한가운데로 뛰쳐나온
벚꽃 송이들.

밤사이 비바람 한번
지나고 나자
마당엔 꾸다 만 꿈들만
어지러이 널렸다.

찬란함도 결국 끝은 있는 법

덧없이 흘러간 청춘의 시간
속절없이 흘려보낸 날들을
아쉬워한들 무슨 소용이리.